나에게 쓰는 편지

진짜 나를 찾기 위한
스무 개의 질문

나에게 쓰는 편지

송화진 엮고 씀
이윤형 기획

용기·열정·관용·감사
디자인마이러브

이 책은……

단순히 읽고 보기만 하는 책이 아닙니다. 읽고, 생각하고, 쓰고, 다시 읽어보는 세상에서 단 하나뿐인 존재 나와 나누는 일기 형식의 D.I.Y 도서입니다.

"인생의 시작은 바로 나 자신임을 깨닫는 것. 진정으로 행복한 삶과 건강한 관계의 첫 걸음도 바로 여기에 있습니다."

내가 좋아하는 것, 내가 원하는 것을 잘 알아야 나를 행복하게 해주는 길을 찾을 수 있으니까요. 행복을 위한 진정한 기준, 나만의 책을 써 보면서 찾아보세요. 그리고 지금보다 더 행복해지세요. 매일 읽지 않아도 좋습니다. 마음 내킬 때마다 조금씩 뒤적여보세요. 질문에 대한 답을 꼭 하지 않아도 됩니다. 당장 생각나지 않을 수도 있으니까요. 다만 이 책을 펼칠 때는 옆에 연필 한 자루 꼭 놓아두세요. 그리고 이 책에 소개된 시와 명언들을 한 자 한 자 정성들여 따라 적어보세요. 그러다 보면 희미하게 생각이 떠오르기 시작할 것이고, 무언가를 쓰고 싶어질 것이며, 어느 틈에 이 책의 빈 공간을 나의 마음과 생각으로 모두 채울 수 있게 될 거예요. 그리고 내가 원하는 삶에 다가가기 위한 중요한 질문들에 가까워질수록 진짜 나를 발견하게 될 거예요.

나에게 하는 자기소개	09
용기내기	45
긍정하기	71
감사하기	99
사랑하기	127
나에게 편지 쓰기	155
아름다운 사람들	167

첫 번째 편지

나에게 하는 자기소개

01__
나의 이름은 무엇인가요?

나는 내 이름이 좋은가요, 싫은가요?
그리고 그 이유는 무엇인가요?

"나는 내 이름이 좋아요.
  왜냐하면 돌아가신 아버지가 유일하게
  제게 남겨주신 유산이거든요."

내 이름은 _____ 입니다.

나는 내 이름이 좋습니다 / 싫습니다.

왜냐하면

....

....

....

....

....

....

때문입니다.

이 세상에서 가장 아름다운 말은 자기의 이름 석 자이다.
데일 카네기

02__
나는 꿈을 꾸는 사람인가요?

어릴 적 꿈꾸었던 삶은 어떤 것이었나요?
지금도 꿈을 꾸고 있나요?

"어렸을 때 내 꿈은 우주비행사가 되는 것이었습니다. 그래서 외계 행성을
탐험하며 괴상하지만 유쾌한 친구들을 잔뜩 사귀고 싶었습니다."

"지금은 재밌는 글을 많이 쓰는 좋은 작가가 되고 싶어요.
종이와 연필만 있으면, 우주보다 더 먼 곳까지 여행할 수 있거든요."

어릴 적 내 꿈은

_____ 가 되는 것이었습니다.

그래서

_____ 고 싶었습니다.

지금은

꿈은 우리가 누구인지를 보여주는 기준이다.
헨리 데이비드 소로

03

내가 정말로 갖고 싶은 것은 무엇인가요?

눈에 보이지 않는 것도 좋고, 돈으로 살 수 없는 것도 좋습니다.
그리고 그 이유도 함께 적어보세요.

건강: 100살에도 여행 다닐 수 있을 만큼 건강했으면!

좋은 카메라와 렌즈: 눈으로만 담아두기엔 아쉬운 것들이 많아서. 혼자 여기 저기 다니며 사진 찍을 때가 제일 행복하다.

성능 좋은 자동차: 언제든 어디든 갈 수 있었으면. 기왕이면 폼 나게!

하루에 1억씩 생기는 마법의 통장: 백화점 쇼핑도 눈치 안 보고 맘껏, 엄마도 편하게 모시고, 동생들 하고 싶은 거 하라 하고, 도움이 필요한 사람이나 단체도 팍팍 돕고~ 생각만 해도 좋다!

그 밖에: 10센티쯤 늘어난 키, 걸그룹도 울고 갈 춤 실력, 12개 국어에 능통, 한번 읽은 책은 잊지 않는 비상한 두뇌 등등.

지금 이 순간 가장 갖고 싶은 것들과 그 이유

그 밖에도

손 닿는 곳에 있는 것을 먼저 사랑하라.
프랑스 속담

꿈을 그리는 사람은 그 꿈을 닮는다

세계에서 가장 유명한 탐험가이자 인류학자, 다큐멘터리 제작자인 존 고다드는 카약 하나로 세계에서 가장 긴 나일강 탐험을 역사상 처음으로 해낸 인물로 유명하지만, 정말로 유명해진 이유는 그가 가진 '꿈의 목록' 때문입니다.

존 고다드는 어렸을 때 할머니와 숙모가 이렇게 말하는 것을 자주 들었다고 합니다.

"젊었을 때 이걸 했더라면……."

이 말을 들으며 어린 고다드는 결심했습니다.

"나는 하고 싶은 건 다할 거야. 후회하면서 살기 싫어."

1940년 열다섯 살이 되던 해에 존 고다드는 127개의 꿈 목록을 적어 내려가기 시작했습니다. 꿈 많고 상상력 풍부한 어린 소년의 인생 목표 중 보이스카우트 단원이 되겠다는 꿈은 그다지 어려워 보이지 않았죠. 방울뱀의 독을 짜내고 스페인어와 아랍어를 배우며 브리태니커 백과사전을 전부 읽겠다는 꿈은 조금 어려워 보였습니다. 에베레스트 등정, 세계일주, 달나라 여행 등등 실현 불가능해 보이는 것도 잔뜩 있었습니다.

하지만 존 고다드는 자기가 적은 꿈 목록을 하나하나 이루어가기 시작했고, 1972년 미국의 〈라이프〉지가 존 고다드를 '꿈을 이룬 사람'으로 소개했을 때는 127개의 꿈 중 104개를 이룬 상태였습니다. 그리고 1980년, 존 고다드는 우주비행사가 됨으로써 자신의 어렸을 때의 꿈인 '달나라 여행하기'도 달성했죠.

후에 존 고다드는 그의 꿈의 목록에 대해 이렇게 회고했습니다.

"나는 틀에 박힌 생활을 하고 싶지 않았고, 끊임없이 나의 한계에 도전하고 싶었다, 독수리처럼."

"127개 꿈의 목록을 다 이루는 데 집착하지 않았다. 중요한 것은 내가 그렇게 살고 싶었다는 것이다."

꿈을 꾸는 사람만이 자기다운 삶을 살아갑니다.
어떠한 꿈이든 꿈을 꾸는 것만으로도
가치 있는 이유입니다.

04__

내가 생각하는
나의 단점은 무엇인가요?

그리고 나는 단점을 고치기 위해 어떤 노력을 했나요?
다른 사람들은 나의 단점이 무엇이라 하나요?

"나의 단점은 아침잠이 많다는 것입니다. 직장 생활을 할 땐 지각을 밥 먹듯이 했죠. 일찍 일어나는 것보다 밤새 일하는 게 더 편했어요.
그래서 지금은 아예 회사를 다니지 않아요.
지각하기 싫어서 프리랜서로 일한 지 오래되었습니다.
또 다른 단점은 다른 사람들과 있을 때 혼자 딴생각에 잠긴다는 것이에요.
이건 친구들의 충고 덕분에 알게 된 나쁜 버릇이랍니다. 누군가와 함께 있을 땐 그 사람에게 충분히 관심을 기울이고 경청하려고 노력하는 중입니다."

나의 단점은

다른 사람들이 말하는 나의 단점은?

단점이 많은 것보다, 그것을 인정하지 않는 것이 더 나쁘다.

파스칼

05
내가 생각하는
나의 장점은 무엇인가요?

장점이 없는 사람은 아무도 없습니다.
다른 사람들에게도 나의 장점에 대해 물어보세요.

"나의 장점은 잘 웃고, 인사성 밝고,
처음 본 사람과도 쉽게 친해질 수 있다는 것입니다.
다른 사람들도 저와 있는 시간이 즐겁고 편안하다고 해요."

나의 장점은

다른 사람들이 말하는 나의 장점은?

가장 사랑하는 사람의 단점을 볼 줄 알고, 가장 미워하는 자의 장점도 살필 줄 알아야 한다.

미상

한 자(尺)는 한 치(寸)보다 길다.
그러나 한 자는 길기 때문에 오히려 쓸모없을 때가 있고
한 치는 짧기 때문에 오히려 쓸모 있을 때가 많다.
사람에게도 장점과 단점이 있다.
그 쓰는 방법에 따라서 좋고 나쁨이 결정되는 것일 뿐이다.

첨윤

사람은 때로 남의 결점을 파헤침으로써 자신의 존재를 증명하려고 한다.
그러나 그것은 오히려 자신의 결점을 드러내는 일이다.
선하고 지혜로운 사람일수록 다른 이의 좋은 점을 발견한다.
어리석고 짓궂을수록 남의 결점을 잘 찾는다.

톨스토이

06__
지금 내가
가장 후회하고 있는 것들은
무엇인가요?

그때는 미처 몰랐지만 뒤늦게 깨닫고 후회되었던 것들이 있나요?
하지만 잊지 마세요, 누구나 실수를 한다는 것을…….

"공부를 열심히 하지 않았던 것,
내가 좋아하는 일보다 다른 사람이 좋아하는 일을 하려고 했던 것,
여행을 많이 다니지 못한 것,
끝까지 도전하지 않았던 것,
엄마와 동생들에게 사랑한다는 말을 충분히 하지 않고 있는 것……."

지금까지 살아오면서 가장 후회되는 것들

1.

2.

3.

4.

5.

나이가 들수록, 해보지 않았던 것에 대해서만 후회한다.

재커리 스콧

07__

가장 기뻤던 순간과
가장 즐거웠던 순간은
언제인가요?

대단한 일이 아니어도 좋아요. 사소한 즐거움이라도 떠오르는 대로 적어보세요.
살면서 가장 많이 웃었을 때는 언제였나요?

"내가 가장 기뻤던 순간은
열심히 일한 만큼 좋은 결과가 나왔을 때,
내가 제일 좋아하는 친구가 날 베프로 꼽아주었을 때,
밥 주던 길고양이가 날 알아보고 다가왔을 때,
동네 꼬마 아이들이 나보고 예쁘다고 했을 때……."

"제일 즐거웠던 순간은
엄마와 이모님들을 모시고 온천 여행을 했을 때,
그리고 살면서 가장 많이 웃었을 때는
동생과 엄마가 동시에 방귀를 뀌었을 때!"

내가 가장 기뻤던 순간은

내가 가장 즐거웠던 순간은

기쁨 없이 사는 것은 삶을 그저 낭비하는 일이다.

채근담

08

가장 슬펐던 순간은 언제인가요?

그리고 그때 나는 혼자였나요,
아니면 누군가가 나를 위로해주었나요?

"가장 슬펐던 순간은 어렸을 때 헤어진 아버지가 돌아가셨다는 소식을 들었을 때다.
시신을 수습하라는 경찰 연락을 받고 정신없이 달려가는데
그땐 기분이 얼떨떨하고 이상할 뿐이었다.
언젠가 만나게 되면 왜 가족을 버렸는지 꼭 물어보고 싶었는데…….
왜 아버지는 내가 서로를 이해할 만한 나이가 되자마자 저승으로 달려가 버리셨던 걸까.
영안실에 차디찬 몸으로 누워 계신 아버지의 얼굴은 그저 평온해 보였다.
그 순간 울지 않겠다던 다짐도 허망하게, 끝도 없이 눈물이 터져 나왔다.
옆에 동생들이 없었다면 더더욱 견디기 힘들었을 것이다.
지금은 아버지에 대한 원망도 회한도 모두 사라지고 없다. 그저 그리움뿐이다."

내가 가장 슬펐던 순간은

분노가 가라앉으면 후회가 찾아온다.
소포클레스

슬픔에서 선익을 얻어내는 법

무엇보다도 먼저 자신에게 슬픔을 허용하라.
울고 싶거든 울어라!
부모나 대중매체는 우리에게 진짜 감정은 숨겨야 한다고
주입해 왔다.
하지만 감정 또한 우리의 일부이기에
없는 것처럼 치부하는 것은 현명하지 않다.
나는 그리스도인이다.
그리스도인은 죽음을 슬퍼하면 안 된다고 한다.
터무니없는 소리다. 그대는 인간이다.
때때로 슬픔을 느끼도록 되어 있다.
그러니 슬픔을 느끼도록 허용하라.
그리고 그것을 있는 그대로 주님께 바쳐라.
어떤 슬픔은 정화 작용을 한다.
눈물이 그대를 정화하도록 놓아두라.
모든 슬픔은 그대의 성장을 위해 있는 것이니
그것이 제 역할을 하도록 내버려두라.

메릴린 거스틴

슬픔이나 고통을 느낄 때는 쏟아내어야 할 눈물이
충분히 빠져나오도록 해야 합니다. 그런 뒤에 눈물은
스스로 멈추게 되고 고통은 자연스럽게 치유됩니다.
눈물이 우리 몸에 쌓인 스트레스 물질을
바깥으로 내보내 주기 때문입니다.

눈물을 흘릴 때, 우리는 낮아집니다.
눈물을 흘릴 때, 우리는 자비로워집니다.
눈물은 아픔도 미움도 분노도 씻겨 내려가게 합니다.

울고 싶을 때 맘껏 우는 것,
그것이 최고의 감정 치유입니다.
그러니 울고 싶을 땐 우세요.
우는 일을 내일로 미루지 마세요.

09_

더 행복해지기 위해,
내가 꼭 버려야 할 것들은
무엇인가요?

사실 나에게는 버려야 할 것들이 아주 많습니다. 버리면 버릴수록, 삶은 채워집니다.

"안 입는 옷들, 쓰지 않는 일기장, 오래된 립스틱, 구멍 난 양말,
남을 시기하는 마음, 자꾸만 안주하고 싶은 생각, 불평하는 습관,
쓸데없는 고집……."

지금부터 앞으로 꼭 버려야 할 것들

※ 버리는 데 성공한 것들은 옆에 표시해둡시다.

- [ ]
- [ ]
- [ ]
- [ ]
- [ ]
- [ ]
- [ ]
- [ ]
- [ ]
- [ ]
- [ ]
- [ ]

버림으로써 얻으리라. 그대여, 탐내지 말라.

우파니샤드

10__
내가 생각하는 내 모습은
어떤 것입니까?

"남이 나를 어떻게 생각하는가?"는 중요하지 않습니다.
중요한 것은 "내가 나를 어떻게 생각하는가?" 입니다.

더 중요한 것은
내가 혹은 남이 나에 대해 어떻게 생각하건
나 자신은 우주에서 유일무이한 존재,
숨을 쉬며 살아 있는 것만으로도 가치 있는 존재라는 사실입니다.

나는 내가 (좋습니다/싫습니다)

왜냐하면 나는

_____

_____

_____

_____

_____

_____

_____

(그래서/하지만) 나는 믿습니다.

나는 세상에서 단 하나뿐인 존재,
사랑받기 위해 태어난 존재라는 것을.

안심하라, 네 믿음이 너를 구원하였다.
마태복음

혹시 더 쓰고 싶은데 여백이 부족해서 쓰지 못한 글이 있었나요?
아니면 다른 글을 더 쓰고 싶지는 않았나요?
그렇다면 이곳에 자유롭게 써보세요.

두 번째 편지

용기내기

인간은 스스로의
가치를 결정한다
그리고
자신이 정한 가치만큼
대접 받는다

요한 실러

아무리 훌륭한 사람이라 해도 자기 자신에게 100퍼센트 만족하는 경우는 없습니다. 이 세상에 아무 흠 없는 완벽한 사람이란 존재하지 않으니까요.

세상에서 가장 유명한 사람도 삶이 공허하고 외로울 수 있습니다. 세상에서 가장 아름다운 사람도 외모 콤플렉스가 있습니다. 세상에서 가장 똑똑한 사람이라고 해도 어이없는 실수를 종종 저지릅니다. 그러니 성공한 사람을 보며 부러워하기만 하는 것은 어리석은 일입니다.

자신의 능력이나 가치를 실제보다 과소평가하는 것은 스스로를 잘났다고 여기는 것만큼이나 잘못된 일입니다. 내 힘으로 충분히 할 수 있는 일에도 도전하기 어렵게 만들기 때문입니다.

**중요한 것은 지금 내가 어떤 사람이냐는 것보다,
내가 바라던 사람이 되어가고 있느냐는 점입니다.**

나는 지금 충분히 잘해내고 있습니다. 나 자신을 믿고 자신감을 가집시다. '진짜 나의 모습'은 자기 자신에 대한 믿음에서 출발합니다.

11_
나에게 용기를 주는 것들은
무엇입니까?

무엇이든, 누구든 좋습니다. 눈에 보이는 것, 보이지 않는 것,
돈으로 살 수 있는 것, 또는 없는 것,
무엇이든 나에게 용기를 주는 것들에 대해 차근차근 적어보세요.

내게 용기를 주는 것들의 목록
엄마의 사랑과 희생,
동생의 믿음과 신뢰,
친구들의 우정과 신의,
사랑하는 이의 한결같은 다정함,
그리고 푸른 하늘과 신선한 바람……
가끔은 따뜻한 우유 한 잔,
때로는 시원한 아이스커피 한 잔.

내게 용기를 주는 것들의 목록

신선한 공기, 빛나는 태양, 맑은 물, 그리고 친구들의 사랑, 이것만 있다면 낙심할 필요가 없다.

괴테

흔들리며 피는 꽃

도종환

흔들리지 않고 피는 꽃이 어디 있으랴
이 세상 그 어떤 아름다운 꽃들도
다 흔들리면서 피었나니
흔들리면서 줄기를 곧게 세웠나니
흔들리지 않고 가는 사랑이 어디 있으랴

젖지 않고 피는 꽃이 어디 있으랴
이 세상 그 어떤 빛나는 꽃들도
다 젖으며 젖으며 피었나니
바람과 비에 젖으며 꽃잎 따뜻하게 피웠나니
젖지 않고 가는 삶이 어디 있으랴

왼쪽의 시를 읽으며 마음에 새기고, 이 여백에 옮겨보세요.

코끼리의 사슬

다 자란 코끼리는 몸무게가 5톤 트럭보다 무겁다고 합니다. 힘도 무지막지하게 세서 커다란 나무를 뿌리째 뽑아버리는 것은 일도 아닙니다. 그런데 어떤 동물원을 보면 그렇게 힘세고 무거운 코끼리가 달랑 사슬 하나에 발이 묶여 있습니다. 코끼리의 힘이라면 당장 그 사슬을 끊고 도망갈 수 있을 텐데 말입니다.

동물원의 코끼리는 어렸을 때부터 사슬에 발이 묶입니다. 그때는 어리고 힘도 약해서 사슬을 끊으려야 끊을 수 없습니다. 코끼리는 점차 자신의 처지를 받아들이고 저항할 생각을 하지 않게 됩니다. 현실에 안주하게 되는 것입니다. 그래서 다 자란 후에도 사슬을 끊을 생각조차 하지 않게 되는 것입니다.

어쩌면 우리도 이런 사슬에 스스로를 묶어놓고 있는 것은 아닐까요?
'난 그 일 못해.' '난 능력이 부족해.' '난 재능이 없어.'
사슬을 풀 수 있는 힘은 이미 우리 안에 있습니다.

마음의 사슬을 푸는 순간
당신은 새로운 '나'를 만나게 될 것입니다.

> 쓰러지는것 보다
> 중요한 것은
> 다시 일어서는 것이다—

빈스 롬바르디

용기란 두려움을 느끼지 않는 것이 아니라
두려워도 계속해서 나아가는 것입니다.
쓰러지기를 두려워하기보다
다시 일어날 수 있는 힘을 내는 것이 중요합니다.

> 인간을 지배하는 것은
> 운명이 아니라
> 마음이다

프랭클린 루스벨트

모든 것은 마음먹기에 달렸습니다.
마음을 바꾸는 순간,
운명 역시 바뀌게 됩니다.

12

내게 용기를 줬던 말은 무엇입니까?

때론 평범하고 흔한 말들이 결정적인 용기를 주기도 합니다.
낯선 사람의 우연한 한마디에 용기를 얻기도 합니다.

힘내.

난 네 편이야.

좋아, 잘하고 있어.

난 널 믿어!

누군가가 이런 말들을 나에게 해주지 않았더라도
나 자신이 직접 나 스스로에게 이렇게 말해줄 수 있습니다.
"난 정말 멋진 사람이야!"

내게 용기를 주는 말들

운명이 우리에게서 부와 명예를 빼앗을지라도, 용기는 빼앗을 수 없다.

세네카

● 나에게 용기를 주는 명언을 필사해보세요.

두려움을 물리치는 가장 좋은 방법은
행동으로 옮기는 것이다.

데이비드 J. 슈왈츠

세상에서 가장 중요한 일들은
전혀 가망이 없는 것처럼 보이는데도
끝까지 노력하는 사람들에 의해 이루어졌다.

카네기

어느 누구도 과거로 돌아가 새로 시작할 수는 없다.
하지만 누구나 지금부터 시작해
새로운 인생을 만들 수 있다.

칼릴 지브란

꼭 해야 할 일부터 시작하라.
그 다음은 할 수 있는 일을 하라.
그러다 보면 어느 순간
자신이 불가능하다고 생각했던 일들을
해내게 될 것이다.

성 프란체스코

어느 95세 어른의 수기

나는 젊었을 때 정말 열심히 일했습니다.
그 결과 실력을 인정받고 존경도 받았습니다.
그 덕에 65세 때 당당한 은퇴를 할 수 있었죠.
그런 내가 30년 후인 아흔다섯 생일 때
얼마나 후회의 눈물을 흘렸는지 모릅니다.
내 65년의 생애는 자랑스럽고 떳떳했지만
이후 30년의 삶은 부끄럽고 후회되고 비통한 삶이었습니다.
나는 퇴직 후 "이제 다 살았다. 남은 인생은 그냥 덤이다."라는
생각으로 그저 고통 없이 죽기만을 기다렸습니다.
덧없고 희망이 없는 삶……
그런 삶을 무려 30년이나 살았습니다.
30년의 시간은 지금 내 나이 95세를 기준으로 보면
3분의 1에 해당하는 기나긴 시간입니다.
만일 내가 퇴직할 때
앞으로 30년을 더 살 수 있다고 생각했다면
난 정말 그렇게 살지는 않았을 것입니다.
그때 나 스스로가 늙었다고,

뭔가를 시작하기엔 늦었다고
생각했던 것이 큰 잘못이었습니다.
나는 지금 아흔다섯이지만 정신이 또렷합니다.
앞으로 10년, 20년을 더 살지 모릅니다.
이제 나는 하고 싶었던 어학 공부를 시작하려 합니다.
그 이유는 단 한 가지……
10년 후 맞이하게 될 105번째 생일 날,
95세일 때 왜 아무것도 시작하지 않았는지 후회하지 않기 위해서
입니다.

강석규 박사(호서대 설립자)

무언가를 다시 시작하는데 나이는 중요하지 않습니다.
환경도, 배움의 깊이도 중요하지 않습니다.
지금도 늦지 않았습니다.
새로운 것을 시작하기에 늦음이란 존재하지 않습니다.

혹시 더 쓰고 싶은데 여백이 부족해서 쓰지 못한 글이 있었나요?
아니면 다른 글을 더 쓰고 싶지는 않았나요?
그렇다면 이곳에 자유롭게 써보세요.

세 번째 편지

긍정하기

희망을 갖는 것에는
돈이 들지 않는다—

콜레트

많은 사람들이 '긍정의 힘'에 대해 얘기합니다. 긍정적으로 생각하면 마음이 밝아지고, 하는 일도 잘된다고 말입니다.

행복하고 긍정적인 삶을 위해 가장 필요한 것은 현실을 있는 그대로 바라볼 줄 아는 마음입니다. 우리는 종종 오래전 지나간 일들을 돌이키며 후회하거나 분노하고 슬퍼합니다. 나의 마음을 아프게 했던 사람들과 쓰라린 좌절감, 실패 등을 떠올리며 눈물을 흘리기도 합니다. 그리고 앞으로 비슷한 일이 일어나지 않을까 두려워합니다. 아직 오지 않은 내일에 대한 걱정으로 오늘 밤 잠을 이루지 못할 때가 많습니다. 그럴 때일수록 깊게 숨을 들이마시며 찬찬히 생각해봅시다. 그동안 우리는 수많은 경험을 해왔고 수많은 사람을 만났으며 크고 작은 실수와 실패에도 불구하고 여기까지 왔습니다. 미리 걱정했다고 달라진 것은 없었으며 후회한다고 해서 과거의 일이 바뀐 적도 없었습니다. 중요한 것은 바로 '지금'입니다. 긍정의 힘은 지금을 온전히 충실하게 보낼 때 더욱 강해집니다.

잊지 마세요.
긍정적으로 바라보는 것은 오롯이
나의 선택에 달려 있습니다.

13

나를 사로잡고 있는
부정적인 생각은 무엇인가요?

마음속으로 '난 안 될 거야, 희망이 없어, 항상 실패했잖아'라는 비관의 목소리가
들려온다면 그 생각들을 차분히 적어보세요.

누군가가 "곧 공모전이 있대요, 한번 도전해봐요."라고 했을 때,
나는 항상 주저하곤 했습니다. "전 해봤자 안 될 거예요."
또 "좋은 선 자리가 있어요, 소개해줄까요?"라는 제안에도,
나는 단박에 거절하곤 했습니다.
"전 여성스럽지 않아서 그쪽이 싫어할 거예요."
그런데 이런 것들이 '자동적인 부정적 생각'이라고 하네요.

"난 해도 안 될 거야.
난 행복해질 수 없을 거야.
난 누구한테서도 사랑받지 못할 거야.
난 성공의 근처에도 가보지 못할 거야.
난 못해, 분명 실수할 거야.
도전하고 싶지 않아, 망할 게 분명하니까."

나를 옭아매는 부정적인 생각들

하나씩 적어 내려가다 보니, 꼬리에 꼬리를 물고 이어지던 우울하고 비관적인 생각들의 실체가 점점 뚜렷하게 보입니다. 혹시 너무 상황을 나쁘게만 본 것 같지 않나요? 정말로 나는 항상 실패만 했을까요? 몇 번 실수했던 경험들을 과장해서 '너는 항상 실패했다'고 속삭이는 머릿속에 지금 당장 외쳐주세요.

"그만해!"

언제까지고 계속되는 불행은 없다.

로맹 롤랑

긍정적인 밥

<u>함민복</u>

시(詩) 한 편에 삼만 원이면
너무 박하다 싶다가도
쌀이 두 말인데 생각하면
금방 마음이 따뜻한 밥이 되네.

시집 한 권에 삼천 원이면
든 공에 비해 헐하다 싶다가도
국밥이 한 그릇인데
내 시집이 국밥 한 그릇만큼
사람들 가슴을 따뜻하게 덥혀 줄 수 있을까
생각하면 아직 멀기만 하네.

시집이 한 권 팔리면
내게 삼백 원이 돌아온다
박리다 싶다가도
굵은 소금이 한 됫박인데 생각하면
푸른 바다처럼 상할 마음 하나 없네.

왼쪽의 시를 읽으며 마음에 새기고, 이 여백에 옮겨보세요.

14__
앞서 적은 부정적인 생각을
긍정적으로 바꿔서 적어봅시다.

평소 습관처럼 하는 부정적인 생각을 180도 바꿔보면
의외로 단순한 해결책이 보입니다.

난 해도 안 될 거야.
난 누구한테서도 사랑받지 못할 거야.
난 성공의 근처에도 가보지 못할 거야.
난 못해, 분명 실수할 거야.
도전하고 싶지 않아, 망할 게 분명하니까.

▶ 새로운 일을 시도해볼 멋진 기회야.
▶ 내가 먼저 사랑해야지.
▶ 행복하다면 지금의 나도 성공한 인생이야.
▶ 실패해도 좋은 경험이 될 거야.
▶ 한번 새로운 모험을 떠나보자.

부정적인 생각들을 긍정적으로

▶

▶

▶

▶

▶

▶

▶

길을 가다 돌을 만나면 약자는 그것을 걸림돌이라 말하고 강자는 디딤돌이라 말한다.

토머스 칼라일

호박과 호두나무

햇살이 유난히 뜨거운 어느 날, 아름드리나무 그늘에서 한 농부가 잠시 땀을 식히고 있었습니다. 농부는 밭에서 큼지막하게 익어가는 호박을 보며 이렇게 중얼거렸습니다.

"참 이상해. 하나님은 왜 호박을 저렇게 가느다란 넝쿨에 달리게 만들었을까? 넝쿨은 약하고 호박은 무거우니, 이렇게 땅에 굴러다니며 자라지 않느냔 말이야."

그러면서 머리 위의 가지를 바라보니, 더더욱 하나님의 처사가 불합리하게 느껴졌습니다. 그네를 매달아도 끄떡없을 굵고 튼튼한 가지들에, 겨우 손가락마디만 한 작은 호두알들이 열려 있기 때문이었습니다.

"허허 참. 도무지 이해할 수가 없네."

혀를 쯧쯧 차던 농부는 곧 그늘에 누워 단잠에 빠져들었습니다.

그때였습니다. 뭔가가 '딱!' 하고 농부의 이마를 때렸습니다. 작은 호두알 하나가 농부의 머리 위로 떨어진 것입니다. 깜짝 놀라 잠에서 깨어난 농부는 얼얼한 이마를 어루만지다 갑자기 큰 소리로 외쳤습니다.

"아이쿠! 만약 이 나무에 커다란 호박이 매달려 있었다면 정말이지 큰일 날 뻔했구나! 하나님, 감사합니다."

할수있는것도
할수없다고 생각하면
할수없다
할수없는것도
할수있다고 믿기에
할수있다

<u>미야케 세쓰레이</u>

세상을 행복하고 자신감 있게 살아가려면,
세상을 두렵고 부정적으로 보게 하는 요소들을 확실하게 알고 있어야 합니다.
그것들에 대해 제대로 알고 준비한다면
우리는 두려움 없이 살아갈 수 있을 것입니다.

나는 할수있다—

● 나에게 용기를 주는 명언을 필사해보세요.

오늘을 붙잡아라. 철저하게 즐겨라.
다가오는 오늘을. 찾아오는 사람들을.

<u>오드리 햅번</u>

긍정적인 태도는 그 어떤 특효약보다
더 많은 기적을 만들어낸다.

<u>패트리샤 닐</u>

비관론자는 기회가 찾아올 때마다 고난을 본다.
낙관론자는 고난이 찾아올 때마다 기회를 본다.

윈스턴 처칠

승자가 즐겨 쓰는 말은 '다시 한 번 해보자'이고
패자가 즐겨 쓰는 말은 '해봐야 별수 없다'이다.

탈무드

15__

내가 들었던 칭찬의 말은 무엇이 있나요?

꼭 다른 사람들한테서 들었던 것이 아니어도 좋습니다.
나 자신이 스스로에게 해줄 수 있는 칭찬의 말은 무엇인가요?

멋져!

넌 따뜻한 사람이야.

넌 참 귀여워.

미소가 예뻐.

"이런 말을 들을 때마다 '내가 정말 그런 사람인가?'라고 생각했죠.
그리고 정말로 그런 사람이 되고 싶어졌어요. 어쩌면 친구들의 칭찬 덕분에
저도 더욱 나 자신을 긍정적으로 볼 수 있게 된 거 같아요."

나를 기쁘게 하는 칭찬의 말들

칭찬은 가장 영양가 있는 밥이다.

S. 스마일즈

나폴레옹을 웃게 한 칭찬

세계를 정복한 나폴레옹은 칭찬을 싫어하는 사람이었습니다. 자신이 남을 칭찬하는 것은 물론, 남이 자신을 칭찬하는 것도 싫어했죠. 대놓고 칭찬하는 사람에게는 면전에서 화를 낼 정도였습니다.
어느 날 나폴레옹의 부하가 나폴레옹에게 이렇게 말했습니다.
"장군께서는 칭찬받기를 좋아하시지 않는 것으로 알고 있습니다. 저는 그러한 점 때문에 장군님을 존경합니다."
그러자 나폴레옹은 껄껄 웃으며 좋아했다고 합니다.
겉으로는 칭찬받고 칭찬하는 것을 싫다고 하면서도, 칭찬에 인색한 상사를 존경한다는 부하의 교묘한 칭찬에는 나폴레옹도 넘어갔던 것입니다.
이처럼 칭찬에는 사람들을 기쁘게 하는 강력한 힘이 있습니다.
칭찬이야말로 귀로 먹는 공짜 보약인지도 모릅니다.
우리 사회는 칭찬에 인색합니다. 직장에서도 가정에서도, 친구 사이나 연인 사이에서도, 살아가면서 칭찬을 하거나 듣는 일은 별로 일어나지 않습니다.
하지만 칭찬에는 돈이 들지 않습니다. 손해 볼 것도 없습니다.

칭찬에 인색해지지 맙시다.
비판도 칭찬처럼 해봅시다.
한 번 쓴소리를 했다면 아홉 번 칭찬해봅시다.
칭찬은 소극적인 사람을 적극적으로 만들고,
부정적인 사람을 긍정적인 사람으로 만듭니다.
칭찬은 칭찬을 받는 사람뿐 아니라,
칭찬을 하는 사람도 더 아름답게 변화시킵니다.
칭찬의 힘.
삶이 바뀌고, 세상이 바뀝니다.

혹시 더 쓰고 싶은데 여백이 부족해서 쓰지 못한 글이 있었나요?
아니면 다른 글을 더 쓰고 싶지는 않았나요?
그렇다면 이곳에 자유롭게 써보세요.

네 번째 편지

감사하기

행복은
감사하는것이다-

조셉 우드 크루치

『탈무드』에 이런 말이 있습니다.

'이 세상에서 제일 지혜로운 사람은 누구인가? 어떤 경우에 처해도 배움의 자세를 갖는 사람이다. 이 세상에서 제일 강한 사람은 누구인가? 자신과의 싸움에서 이기는 사람이다. 그리고 이 세상에서 제일 행복한 사람은 누구인가? 지금 이 모습 이대로를 감사하면서 사는 사람이다.'

행복은 감사와 정비례합니다. 고대 그리스의 철학자 아리스토텔레스도 '행복은 감사하는 사람의 것이다'라고 말했고 인도의 유명한 시인 타고르는 '감사의 분량이 곧 행복의 분량'이라고, 또 빌헤름 웰러는 '가장 행복한 사람들은 가장 많이 소유한 사람들이 아니라, 가장 많이 감사하는 사람들'이라고 말했습니다. 모두 감사한 만큼 행복하게 살 수 있다는 얘기입니다.

감사가 없는 마음은 지옥과 같고
감사가 없는 가정은 메마른 광야와 같습니다.

아무리 지식과 명예와 권세와 부를 많이 쌓아놓았다고 해도 감사가 없으면 진정 풍요로운 삶을 누릴 수는 없습니다. 감사는 행복의 원료이며 풍요로운 삶의 재료입니다. 인생을 성공으로 이끄는 에너지입니다.

영국의 시인 밀턴은 말년에
두 눈이 먼 후 이렇게 감사를 드렸다.
"육의 눈은 어두워 보지 못하지만
그 대신 영의 눈을 뜨게 되었으니 감사합니다."
밀턴이 불후의 명작 『실락원』을 쓴 것은 장님이 된 이후였다.

밀턴은 장님이었기 때문에 보다 아름다운 시를 쓸 수 있었고, 베토벤은 귀머거리였기 때문에 그렇게 아름다운 곡을 작곡할 수 있었습니다. 헬렌 켈러의 놀라운 생애는 그녀가 눈멀고 귀먹은 덕분에 펼쳐질 수 있었습니다. 찰스 다윈도 만일 자신이 남들만큼 건강했다면 그처럼 많은 일을 해낼 수 없었을 것이라고 고백한 적이 있습니다. 발명왕 에디슨도 귀가 잘 들리지 않았는데, 오히려 연구에 집중하기 좋았다며 감사해했습니다. 이들의 공통점은 시련 속에서도 감사할 점을 찾고 자신의 인생을 긍정적으로 생각한 것이었습니다.

16__

지금 내가
감사할 것들은
무엇인가요?

사람도 좋고, 물건도 좋고, 눈에 보이지 않는 어떤 것이라도 좋습니다.
이유도 함께 적어보세요.

"엄마가 건강하셔서 감사해요.
 두 동생, 언제나 날 믿고 따라줘서 고마워.
 친구들, 쓴소리를 아끼지 않으면서도 누구보다
 든든한 지원군이 되어주어서 고마워.
 ○○선생님, 제게 늘 용기와 격려를 주어서 고맙습니다.
 나의 두 다리, 모델처럼 예쁘진 않지만
 자유롭게 어디든 갈 수 있게 해주어서 고마워.
 코로 숨을 들이마시고,
 눈으로 예쁜 것을 보고, 귀로 좋은 것을 듣고,
 손으로 부드러운 것을 만질 수 있어서 고맙습니다.
 지금 이 순간 살아 있어서 고맙습니다."

감사의 목록과 이유들

하늘을 향한 감사의 생각, 그 자체가 기도이다.
G. E. 스펄전

바람아 고마워

이제 막 가지를 펼치기 시작한 어린 나무가 있었습니다. 어린 나무가 서 있는 언덕은 사시사철 세찬 바람이 부는 곳이었지요. 어린 나무는 그것이 싫었습니다.
"아, 나도 저기 저 아래 평지에서 자랐으면 좋았을 텐데. 저기는 바람도 거의 불지 않고 편안해 보여. 매일 바람을 버티느라 힘들어죽겠어."
그러자 어린 나무의 옆에서 자라던 키 작은 들꽃이 미소 지으며 말했습니다.
"바람이 세게 부는 것은 널 강하게 하기 위해서야. 만약 바람이 불지 않았다면 넌 뿌리를 깊게 내리지 않았을 테고, 언젠가 불어올 태풍에 금방 쓰러지고 말 테지. 하지만 바람이 자꾸만 널 흔들어대니까, 넌 쓰러지지 않으려고 깊게 뿌리를 내릴 수밖에 없잖아. 그러니까 바람에 고마워해야 해."
과연 얼마 후 엄청난 태풍이 불어닥쳤습니다. 어린 나무는 한껏 몸을 웅크리고 땅을 온통 쓸어버리는 바람을 버텼습니다. 긴 밤이 지난 후, 어린 나무가 눈을 돌려 보니 평지에 있던 많은 나무들이 뿌리째 뽑혀 쓰러져 있는 것이 보였습니다. 나무는 허리를 의젓하게 펴고 들꽃에게 미소를 지어 보였습니다. 그리고 다시금 자신의 가지를 흔들어대는 강풍에게 처음으로 인사를 건넸습니다.

"고맙다, 바람아."

감사의 기도

김부조

나무들은 날마다 홀로 설 수 있음에
감사의 기도를 드린다

새들은 날마다 홀로 날 수 있음에
감사의 기도를 드린다

나는 날마다 홀로 섰으므로
가끔은 외로울 수 있음에
감사의 기도를 드린다

우리는 날마다 기도를 드린다

살아 있음에 뜨거운
감사의 기도를 드린다

왼쪽의 시를 읽으며 마음에 새기고, 이 여백에 옮겨보세요.

반딧불을 보고 감사하는
사람에게는 별빛을 주십니다—
별빛을 보고 감사하는
사람에게는 달빛을 주십니다—
달빛을 보고 감사하는
사람에게는 영원한
햇빛을 주십니다—

C. H. 스펄전

작은 것에도 감사할 줄 알 때 더 큰 기쁨과 행복을 얻게 됩니다.
감사하는 영혼은 마음의 어두움을 몰아내고
일상의 평안과 축복의 희망을 가져옵니다.

> 남에게 베푼 이익은
> 기억하지말라
> 남에게 받은 은혜는
> 잊지말라
>
> — 바이런

상대방이 고맙다는 말을 하지 않는다고 신경 쓸 필요 없습니다.
감사할 줄 모르는 사람은 그 삶 자체가 벌이기 때문입니다.
감사하는 마음은 내 얼굴을 아름답게 만들고
내 삶을 풍요롭게 만듭니다.

17_

앞으로 감사할 일들은 무엇인가요?

아직 실제로 일어나지는 않았지만 그것이 현실이 되었을 때 감사하게 될 일들,
그것들을 적어보며 미리 감사해봅시다.

매일 한끼 한끼 맛있는 식사를 소중한 사람과 먹을 수 있어서 감사합니다.
열심히 노력한 만큼 좋은 결과를 얻게 해주어 감사합니다.
자유롭게 산책할 수 있는 건강과 시간을 허락해주어 감사합니다.
건강하고 행복하게 사랑하는 이들과 함께 살게 해주어서 감사합니다.

미리 감사할 목록들

감사하는 마음의 밭에서는 실망의 씨가 자랄 수 없다.
피터 세퍼

● 나에게 용기를 주는 명언을 필사해보세요.

가장 축복받은 사람이 되려면
가장 감사하는 사람이 되어라.

C. 쿨리지

불행할 때 감사하면 불행이 끝나고
형통할 때 감사하면 형통이 연장된다.

윈스턴 처칠

감사는 기적을 창조한다.

미상

특별한 아픔이 특별한 감사를 부른다.

벤 존슨

휠체어를 탄 과학자가 삶을 사랑하는 법

스티븐 호킹은 영국의 세계적인 이론물리학자입니다. 그는 일반상대성이론과 양자역학을 적용한 우주론 연구로 20세기를 대표하는 과학자 반열에 올랐습니다. 스티븐 호킹은 근위축성 측색 경화증이라는 질병으로 평생을 휠체어에 의지하면서 살았습니다. 병세가 악화되어 인공호흡기를 달면서 목소리를 잃기도 했지만 그 누구보다 열정적으로 연구에 몰두하였습니다. 21살 어느 날, 2년이라는 시한부 선고를 받았던 젊은 시절의 호킹은 이후로도 55년 동안 수많은 연구 업적을 쌓으며 인류 과학 발전에 공헌하였습니다.

그는 말합니다. 우주를 연구하는데 건강한 몸은 필요하지 않았다고 말입니다. 생각할 수 있는 머리, 움직일 수 있는 두 손가락이면 충분했고 사랑하는 가족과 친구들이 있었으며 무엇보다 그는 감사할 줄 아는 마음을 가졌다는 것입니다. 감사는 행복을 가져다줍니다. 그 역시 행복하다고, 희망을 가지라고, 용기를 내라고 합니다. 이루지 못할 일은 없다고 말입니다.

이처럼 감사에는 강력한 힘이 있습니다. 마치 기적처럼 불가능해 보이는 것을 가능하게 만들어줍니다. 종교계의 노벨상이라 불리는 '템플턴상'을 제정한 존 템플턴은 그의 책 「열정」에서 '감사의 실천'에 대해 다음과 같이 말한 바 있습니다.

첫째, 감사할 대상을 찾아 칭찬함으로써 마음을 전하고,
둘째, 우리가 열망하는 좋은 일이 실제로 일어나기 전에 미리 감사하며,
셋째, 우리에게 닥친 문제와 도전 과제에 감사하라.

나는 지금 얼마나 감사하고 있습니까?
내가 가진 감사의 힘은 얼마 만큼인가요?

혹시 더 쓰고 싶은데 여백이 부족해서 쓰지 못한 글이 있었나요?
아니면 다른 글을 더 쓰고 싶지는 않았나요?
그렇다면 이곳에 자유롭게 써보세요.

다섯 번째 편지

―

사랑하기

이 세상에
하나님을
본 사람은 하나도 없다—
그러나 만일
우리가 서로 사랑하면
하나님은
우리 가슴속에
머물 것이다—

톨스토이

'이웃을 내 몸처럼 사랑하라'는 말은 많이 들어보았지만 막상 '인류애'를 실천하기는 참 어려운 일입니다. 단순하게 따져볼까요? 휴대폰에 저장된 사람들 중에 몇 명이나 사랑하고 계십니까? 절반은 될까요? 아뿔싸, 열 명도 안 된다고요? 맞아요. 이웃을 사랑한다는 거, 참 쉬운 거 같아도 어려워요. 이 말은 우리 또한 다른 사람들에게 사랑받기 쉽지 않다는 얘기이기도 합니다.

그럼 반대로 미워하는 사람은 몇이나 되나 봅시다. 미운 사람은 참 신기하게도 전 세계 곳곳에 널려 있습니다. 외국에도 많고, 우리나라에도 많고, 우리 휴대폰 속에도 많습니다. 이 말은 또한, 우리가 미움받기도 상대적으로 쉽다는 얘기일지 모릅니다. 참 슬픈 얘기이지 않나요?

누군가는 먼저 사랑을 시작해야 합니다. 사랑받기를 기다리기만 해서는 세상의 사랑은 점점 더 고갈될 것입니다. 지구촌 수십억 명을 다 사랑할 필요는 없습니다. 소박하게 내 주변 한 명으로 시작합시다. 거기에서 조금씩 늘려 나가면 됩니다.

사랑에는 전염성이 있거든요.

서로를 사랑하면 할수록,
행복은 커져가고 세상은 더욱 아름다워집니다.

18__
태어나서 처음으로
사랑을 느꼈던 대상은 누구였나요?

엄마일수도, 동네 소꿉친구일수도, 첫 반려동물일수도 있겠죠.
첫사랑을 추억하며 떠오르는 대로 적어봅시다.

"이건 진짜 비밀인데……
유치원에 처음 입학했을 때
내 옆에 있던 남자아이한테 첫눈에 반했어요.
일곱 살짜리도 사랑을 느낄 수 있다는 걸 그날 처음 알았다니까요."

나의 첫사랑은……

사랑할 수 있다는 것은 모든 것을 할 수 있다는 것이다.

체호프

사랑하는 까닭

한용운

내가 당신을 사랑하는 것은 까닭이 없는 것이 아닙니다
다른 사람들은 나의 홍안(紅顔)만을 사랑하지마는
당신은 나의 백발(白髮)도 사랑하는 까닭입니다

내가 당신을 그리워하는 것은 까닭이 없는 것이 아닙니다
다른 사람들은 나의 미소만을 사랑하지마는
당신은 나의 눈물도 사랑하는 까닭입니다

내가 당신을 기다리는 것은 까닭이 없는 것이 아닙니다
다른 사람들은 나의 건강만을 사랑하지마는
당신은 나의 죽음도 사랑하는 까닭입니다

왼쪽의 시를 읽으며 마음에 새기고, 이 여백에 옮겨보세요.

19_

사랑이란 무엇일까요?
그리고 내가 하고 싶은 사랑은 어떤 것인가요?

수많은 철학자, 시인, 소설가들도 딱 부러지게 정의 내리지 못한 사랑.
하지만 그렇기에 우리는 각자의 사랑을 꿈꿀 수 있는 것이겠지요.

"사랑할 땐 속눈썹이 올라갔다 내려갔다 해요.
작은 별들이 밖으로 쏟아져 나오죠.
사랑에 대해 물었을 때, 어느 다섯 살짜리 소녀의 답이래요."

내가 생각하는 사랑은…

사랑만 있다면 행복하지 않아도 살아갈 수 있다.
도스토옙스키

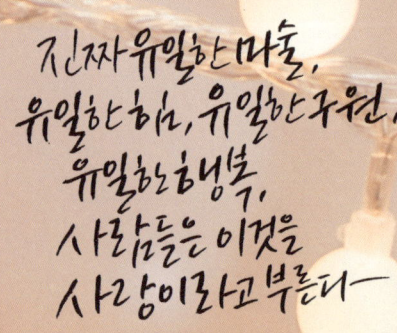

> 진짜 유일한 마술,
> 유일한 힘, 유일한 구원,
> 유일한 행복,
> 사람들은 이것을
> 사랑이라고 부른다―
>
> 헤르만 헤세

사랑이야말로 진정 마법과 같은 것입니다.
진정한 사랑은 영원히 자신을 성장시키는 경험이며,
천국을 살짝 엿보는 것과도 같습니다.

> 내가 나를
> 사랑하면
> 세상도 나를
> 사랑하기
> 시작한다

— 혜민

내가 비록 남들과 비교해서 부족함이 있더라도
그것을 의식하지 말고 진정으로 나를 사랑하면
행복을 얻을 수 있습니다.
모든 것은 나에게서부터 시작된다는 것을 잊지 마세요.

사랑의 부메랑

오스트리아의 심리학자 알프레드 아들러 박사는 그를 찾는 우울증 환자에게 이렇게 말했습니다.

"2주간만 나의 처방을 따른다면 당신은 건강해질 수 있습니다. 그 처방이란 별로 어려운 것이 아닙니다. 매일매일 어떻게 하면 남을 기쁘게 해줄 수 있을까를 궁리해서 그걸 실천하면 됩니다."

값비싼 약이나 까다로운 처방을 내려줄 거라 기대했던 많은 환자들은 대부분 이 싱거운 처방에 크게 실망하고 돌아갔습니다. 하지만 그의 처방을 따른 사람에게는 당장 특효가 나타났습니다. 다른 사람을 돕고 어려운 이웃에게 사랑을 전했더니 우울증이 사라졌다는 것입니다.

세상을 향해 사랑의 부메랑을 날려보세요.
상상할 수 없는 기쁨이 당신에게 돌아올 것입니다.

20___

만약 한 시간 후
세상에 종말이 온다면,
누구를 가장 먼저 만나고 싶나요?

그리고 무슨 말을 하고 싶으신가요?

만나고 싶은 사람들은
가족, 친구들……
그리고 꼭 안아주며 이 말을 해주고 싶습니다.
"고마웠어. 사랑해.
당신들 덕분에 행복했어요."

만나고 싶은 사람들

그리고 하고 싶은 말

하늘엔 별이, 땅 위엔 꽃이 있듯 인간에겐 사랑이 있다.
미상

● 나에게 용기를 주는 명언을 필사해보세요.

사랑한다는 것은
둘이 마주 보는 것이 아니라
함께 같은 방향을 바라보는 것이다.

생텍쥐페리

봄의 태양이 빛나면,
곡물의 씨앗은 싹트지 않을 수 없다.
참된 사랑은 차가운 세상에서도
꽃이 피게 한다.

뇌티히

우리는 사랑을 할 때,
지금 자신보다 더 나은 사람이 되려고 노력한다.
우리가 더 나은 사람이 되기 위해 노력할 때,
우리 주변의 모든 것도 더 나아진다.

파울로 코엘료

사랑의 첫 번째 의무는
상대방의 말에 귀 기울이는 것이다.

폴 틸리히

목숨을 바친 사랑

어떤 가족의 이야기입니다.

그 가족은 아빠와 엄마, 그리고 아홉 살 난 아들과 일곱 살짜리 딸, 이렇게 네 식구였습니다.

어느 날 아들이 그만 교통사고를 당해 크게 다치고 말았습니다. 그런데 의사의 말이, 응급수술에 필요한 피가 조금 모자라다는 것입니다. 당장 누군가가 수혈해주지 않으면 수술을 할 수 없다는 말이었습니다. 하필이면 아들과 같은 혈액형은 딸 하나뿐이었습니다. 평소 주사를 맞는 것도 무서워하는 막내딸인데 말이지요. 하지만 상황이 워낙 급했던지라, 아빠와 엄마는 딸아이에게 조심스럽게 부탁할 수밖에 없었습니다.

"얘야, 오빠를 치료하려면 네 도움이 꼭 필요하단다. 네 피를 오빠에게 좀 나누어줄 수 있겠니?"

어린 딸은 잠시 고민하더니 곧 머리를 끄덕였습니다.

곧 오빠가 무사히 수술실을 나왔습니다. 의사는 수술이 아주 잘 되었으니 걱정하지 않아도 된다고 말했습니다. 그때까지 딸은 침대 위에 가만히 누워 있었습니다.

"네 덕분에 오빠가 살았구나! 우리 딸 아주 용감했어."

그 말에 행복하게 미소 짓던 딸이 물었습니다.

"그럼 이제 난…… 언제 죽는 거야?"
아빠가 깜짝 놀라 물었습니다.
"죽다니, 네가 왜 죽는단 말이니?"
"피를 뽑으면 곧 죽는 거 아니야?"
엄마도 아빠도 잠시 할 말을 잃었습니다.
두 사람 다 왠지 가슴이 먹먹해졌습니다.
"그럼, 넌 네가 죽는다고 생각하면서도 오빠에게 피를 나누어줬던 것이니?"
"응……."
"왜?"
"엄마 아빠처럼, 나도 오빠를 사랑하니까."
아, 이처럼 어린아이도 사랑을 아는군요.
엄마와 아빠는 딸을 꼭 안아주며 몇 번이나 몇 번이나 사랑한다고 말해주었습니다.

사람은 사랑을 하는 존재입니다.
산다는 것은 곧 사랑한다는 것입니다.

혹시 더 쓰고 싶은데 여백이 부족해서 쓰지 못한 글이 있었나요?
아니면 다른 글을 더 쓰고 싶지는 않았나요?
그렇다면 이곳에 자유롭게 써보세요.

마지막 편지

나에게 쓰는 편지

지금까지 이 책을 읽고, 생각하고, 쓰고, 다시 보았다면, 처음보다는 나 자신에 대해 한결 많은 것을 알게 되었을 거예요. 그리고 더 하고 싶은 말도 생각났을 거예요. 자, 이제 펜을 들고 지금의 자신에게 따뜻한 위로와 격려가 되는 편지를 한번 써보세요. 서툴러도 좋아요. 진심으로, 정성을 다해 자신에게 다정한 인사를 건네보세요.
그리고 편지를 다 쓴 후에는 잠시 덮어두었다가,
오래 사귄 벗이 보내온 것을 대하듯
두근거리는 마음으로 읽어보세요.

세상에서 가장 사랑하는 나 _____ 에게

편지를 쓰는 동안 어떤 기분이었습니까?
무엇이 떠올랐습니까?
힘들었던 기억,
행복했던 기억,
스스로를 채찍질하며 힘을 내었다가도
절망에 무너지고 말았던 순간들…….
하지만 나는 지금껏 잘 버텨왔습니다.
하루하루의 무게를 잘 이겨내 왔습니다.
나는 나 자신을 얼마나 잘 알고 있던가요?
나는 나 자신을 충분히 사랑해주었던가요?
편지를 다 썼다면
또 다른 나 자신이 보낸 편지를 받은 것처럼
한번 소리 내어 읽어보세요.
옆에 친구나 가족이 있다면 읽어주는 것도 좋겠습니다.
그렇게 나 자신을 다시 한 번 새롭게 만나보세요.
애처롭고, 용감하며, 때론 유약했지만,
너무나 사랑스러운 존재인 나 자신을…….

&

아름다운
사람들

한동대 교수
이지선

삶은 선물입니다

2000년 7월, 도서관에서 공부를 마치고 오빠와 함께 귀가하던 길. 이지선 씨가 탄 차는 신호대기 중이었다. 갑자기 음주운전자의 차가 뒤에서 들이받았다. 그녀는 정신을 잃었고, 차는 폭발했다. 스물네 살, 한창 예쁘고 꿈 많던 시기였다.

청천벽력 같은 그 사고로 지선 씨는 상반신 전체에 3도 화상을 입었다. 이후 상상하기 힘든 고통스러운 치료가 이어졌다. 타버린 피부를 긁어내고 허벅지의 피부를 벗겨내 얼굴에 이식하는 등의 수술을 수십 차례 거듭하는 동안 지선 씨는 자신의 이야기를 담담한 필치로 인터넷에 올렸고, 훗날 베스트셀러 『지선아 사랑해』를 출간하며 우리 사회 '긍정의 아이콘'이 되었다.

"병원에 있는 동안 늘 감사하고 기쁜 것을 찾았어요. 안 그러면 살 수 없었으니까요. 손가락 여덟 개를 잘라내는 수술을 받았을 때는 팔 전체를 잃지 않아서 다행이다, 피부이식수술을 받았을 때는 내 몸에 아직 떼어낼 수 있는 피부가 남아 있어서 다행이다 하면서요. 감사하게도 가족과 친구들은 제 '무서운' 얼굴에도 불구하고 예전처럼 대해주었어요. 여전히 사랑받고 있는 존재라는 사실이 나 자신을 있는 그대로 받아들일 수 있게 해준 거 같아요."
사고 당시 이화여대 유아교육과에 재학 중이었던 지선 씨는 이후 미국 유학길에 올라 2008년 보스턴대 재활상담학 석사를, 2010년 컬럼비아대 사회복지학 석사 학위를 받았다. 2015년에는 '비장애인의 인식 변화에 미치는 장애인과의 접촉의 효과'를 연구해 캘리포니아대 사회복지학에서 박사 학위를 받았다. 지금은 포항 한동대 사회복지학부 교수가 되어 학생들을 가르치는 중이다.

"우리는 어려움에 처했을 때 여기가 인생의 끝인 것처럼 두려워하고 절망하고 무서워해요. 하지만 어려움에는 항상 끝이 있어요. 인생은 가도 가도 컴컴한 동굴이 아니라, 언젠가는 희망의 빛을 만나게 될 터널인 것이죠."

화백
석창우

의수로 그린 마음

전기 기사이던 석창우 씨는 1984년 2만 9천 볼트짜리 고압선에 감전돼 양팔과 발가락 두 개를 잃었다. 서른 살 가장에게 들이닥친 엄청난 비극이었다. 퇴원 후 집에만 있던 그에게 어느 날 네 살짜리 아들이 그림을 그려달라고 떼를 썼다. 아버지로서 뭐라도 해주고 싶어 양팔 대신 의수로 열심히 그림을 그려주었다. 그리고 그의 그림을 본 아내는 적극적으로 화가를 찾아다니며 그림을 배우도록 했다.

"1년 반 병원에서 치료를 받는 동안은 제 인생에서 가장 힘든 시간이었습니다. 그 힘든 시간을 통해 제가 배운 건 '감사'였습니다. 가장 먼저 다른 사람이 아닌 책임자였던 제가 다쳤다는 게 감사하고, 목숨을 잃을 만한 고압 전류임에도 걸어 다닐 수 있게 팔만 절단된 게 감사하며, 만약 어깨까지 잃었으면 의수도 못 달았을 텐데 딱 의수를 착용할 수 있게 절단된 것도 감사합니다. 아내가 저를 끝까지 책임져 줬다는 것에 감사합니다. 오늘의 제가 있게 된 것은 모두 아내 덕분입니다. 그림을 배우고자 했을 때 팔이 없어서 문전박대당하기 일쑤였는데, 감사하게도 걸출한 서예가 여태명 선생님을 만나서 가르침 받을 수 있었습니다. 저에게는 양팔이 없는 게 단점이 아니라 장점입니다. 손가락이 없으니 온몸으로 그려야 하고, 그래서 다른 사람들보다 더 담백하고 강한 선이 나옵니다. 30년 동안 달고 있던 손을 잃었을 때는 30년이 안 돼 죽을 줄 알았는데 감사하게도 60이 넘은 지금도 잘 살아 있습니다. 손이 있을 때는 먹고 살기 위해 일했지만, 손을 잃은 지금 오히려 하고 싶은 일을 하며 살 수 있어서 더 감사합니다."

동양의 서예와 서양의 크로키를 접목한 수묵 크로키를 고안해낸 석창우 화백의 그림은 이제 교과서에 실릴 정도로 유명해졌다. 소치 장애인 동계올림픽에서는 폐막식 퍼포먼스를 맡아 전 세계에 놀라움과 감동을 주기도 했다.

"할 수 없다는 말은 이제 변명에 불과하다는 것을 알게 되었습니다. 자신이 진짜 하고 싶은 일에 지금 최선을 다하세요."

성악가
황영택

나의 노래는 꿈과 희망

그의 나이 스물여섯, 사고는 순식간이었다. 아파트 공사 현장, 황영택 씨가 몰던 크레인 운전석으로 무게 1톤의 콘크리트 파일이 떨어진 것이다. 열흘간 혼수상태였다 깨어났지만 현실은 배꼽 아래 하반신 마비 판정. "누구보다 열심히 살아왔는데 이렇게 될 걸 왜 태어났나 하는 생각만 들더군요. 장애인을 바라보는 세상의 편견이 싫어 매일 술을 마시며 지냈죠." 하지만 한결같이 곁을 지키던 아내와 태어난 지 얼마 안 된 아들이 그의 마음을 다잡게 했다. 가족이라는 이름이 그의 새로운 희망이 된 것이다. 고난 속에서 삶의 의미를 되찾은 그는 재활을 위해 휠체어 테니스를 시작했고, 피나는 노력 끝에 국가 대표 태극 마크를 가슴에 달게 된다. "테니스를 하면서 제가 장애인이란 생각도 잊게 되었습니다. 스포츠를 통해 육체적인 장애를 극복하게 되었고, 나도 할 수 있다는 걸 깨달으면서 정신적인 장애도 극복할 수 있었어요." 장애를 입었더라도 행복하고 가치 있게 살 수 있음을 몸소 깨달은 그는 37세란

늦은 나이에 과감히 라켓을 집어던지고 수능 공부에 돌입한다. 노래에서 마음을 치유하는 힘을 발견한 것이다. "국영수 공부는 물론 이탈리아어, 독일어 가사를 달달 암기하고, 안정적인 발성을 위해 벨트로 배를 동여매며 호흡법을 익혔습니다. 하루에도 몇 번씩 포기하고 싶을 정도로 힘들었지만 이를 악물고 연습, 또 연습에만 매진했습니다." 그렇게 1년, 황영택 씨는 모 대학 성악과에 당당히 합격하며 재능을 인정받는다. 그리고 졸업 후엔 '장애인 인식 개선을 위한 희망 콘서트'를 수년간 진행, 각종 방송에 출연하며 '휠체어 성악가'로 널리 알려지게 된다. "병원에서 공연할 때면 '나도 당신들과 똑같이 힘들었던 시기가 있었다고, 그 고통의 시간을 지나왔다고, 그러나 제가 그 순간을 이겨냈듯 당신들도 할 수 있다'고 노래합니다." 누구보다 절망했던 그가 이제는 '희망의 메신저'가 된 것이다.

"장애, 그것으로 인해 저는 인생의 진정한 의미를 배웠습니다. 우리 마음속에 있는 모든 편견의 장애를 인정할 때 도전할 수 있습니다. 장애, 거기서부터가 저는 희망이었습니다."

바이올리니스트
김종훈

믿음이 불러일으키는 기적

불을 모두 끄고 컴컴한 곳에서 연주하는 오케스트라가 있다. 바로 시각장애인들로 구성된 '하트 체임버 오케스트라'다. 연주하는 사람도 듣는 사람도, 같은 조건에서 마음으로 음악을 듣기를 원하기 때문이다. 보이지 않기 때문에 지휘자도 없다. 대신 악장(樂匠)이라는 직책이 오케스트라 공연을 이끌어간다. 김종훈 씨는 바로 이 세계에서 유일무이한 오케스트라의 바이올리니스트이자 악장이다.

그는 선천성 녹내장을 가지고 태어났다. 어릴 때부터 앞이 잘 안 보이니 장난감도 소리가 나는 것 위주로 가지고 놀았다. 바이올린도 처음에는 장난감 같아서 재밌었다.

"스스로 편견을 가지는 것처럼 바보 같은 건 없는 것 같아요. 한 사람이 자신의 꿈과 재능을 펼치는 일에는 끝이 없거든요. 장애인이라서 못해, 이런 답을 지레 내리지 말고 하고 싶은 일을 찾아 힘껏 노력한다면, 훨씬 더 달콤한 결과를 얻게 될 겁니다."

하지만 그런 그도 관현악과 학생 시절, 평생 장애를 짊어진 운명과 막막한 현실 앞에서 스스로 죽음을 택하기도 했다. 구사일생 살아난 그는 마음을 다잡고 국내 유수의 콩쿠르를 휩쓸며 재능을 인정받았고, 이후 독일 유학길에 올랐다. 그리고 우여곡절 끝에 베를린 국립 음대를 졸업, 독일 대통령궁 초청 연주회, 악셀 스프링거상 수상으로 7년간의 독일 생활을 마무리했다. 현재 그는 대학에서 학생들을 가르치는 한편 오케스트라를 이끌고 '찾아가는 음악회'를 여는 등 음악가이자 연주자, 선생이자 한 가정의 가장으로서 바쁜 나날을 보내고 있다. 음악이 힘겨운 좌절과 고통을 딛게 해줬던 것처럼, 이제는 자신의 음악과 삶을 통해 타인을 위로하고 용기와 희망을 나누고 싶은 그다.

"돌이켜 보면 하루하루 힘들게 온 그 길이 다 기적처럼 느껴집니다. 그리고 앞으로도 그에 못지않은 기적들을 이룰 수 있으리라는 믿음이 밀려옵니다. 그래서 전 가장 중요한 건 '자기한테 믿음을 쌓는 것'이라고 생각합니다."

이윤형
우리가 알고있던 책들처럼 생각을 전달하기 보다는 나를 찾아가는 과정과 자신의 모습을 담아내기 위해
'나에게 쓰는 편지'를 기획했습니다. 이 책이 당신의 마음에 작은 울림이 되길 바랍니다.

나에게 쓰는 편지
copyright ⓒ 2016

1판 1쇄 발행 2017년 8월 28일
1판 2쇄 발행 2020년 10월 7일
2판 30쇄 발행 2021년 6월 28일

기획	이윤형
엮고 쓴이	송화진
디자인	전은수
마케팅	이애자
펴낸곳	사회적기업 디자인마이러브
출판등록	2012년 9월 10일(2012-000297호)
주소	서울시 중구 충무로4가 120-3 진양상가 1동 1557호
전화	02)3436-6033
팩스	02)3436-6039
이메일	star@designmylove.com
ISBN	979-11-960879-0-6

캘리그라피 조항규 | 삽화 신동옥

* 본 책에 실린 시 '흔들리며 피는꽃' (도종환, 문학동네), '긍정적인 밥' (함민복, 창비)은 저작권 허락을 받았습니다.

* 저작권법에 의해 보호 받는 저작물이므로 무단 전재와 무단 복제를 금합니다.